INVENTAIRE.
X 29,411

X

AF242539

Noël Les premiers éléments

de l'orthographe

Paris

1874

LES PREMIERS ÉLÉMENTS

DE

L'ORTHOGRAPHE

I

DIVISION PRÉPARATOIRE

DES ÉCOLES PRIMAIRES,

PAR

E. NOËL

Instituteur public à Nancy.

PARIS

LIBRAIRIE CH. DELAGRAVE,

58, RUE DES ÉCOLES, 58

1874

Tout exemplaire de cet ouvrage non revêtu de ma griffe sera réputé contrefait,

AVANT-PROPOS

Chacun reconnaît la difficulté d'enseigner les premiers éléments de l'orthographe française aux plus jeunes élèves des écoles élémentaires.

Certains instituteurs font *épeler* souvent à haute voix ; d'autres font copier de nombreux exercices de grammaire ; d'autres encore s'en rapportent à la mémoire intuitive qui est restée aux élèves par les anciennes méthodes de lecture, et font *copier* dans un livre quelconque où l'on trouve toutes sortes de mots.

Il me semble qu'on doit procéder en orthographe comme en toute chose : par des exercices qui laissent graduellement les mots dans la mémoire, avec leur signification ou leur sens, et qui développent l'intelligence des choses, en allant du simple au composé.

Il ne faut pas que, dès le début, les enfants rencontrent toutes sortes de mots dans un livre, et par conséquent toutes sortes de difficultés. Leur *vocabulaire* ne doit être composé d'abord que des mots les plus usuels, les plus indispensables, du nom des choses, des êtres qui les entourent, dont ils entendent parler souvent.

Ce *vocabulaire*, d'abord fort restreint, augmentera peu à peu, jusqu'au jour où l'habitude de la lecture, la mémoire plus développée, la connaissance d'un certain nombre de racines, l'intelligence plus ouverte, viendront en aide à l'enfant pour écrire la plupart des mots usuels de notre langue.

Je me suis donc attaché à former quelques séries de mots pour les commençants. Je leur donne en même temps les notions de grammaire dont on ne peut se passer, mais qui seront suffisantes pour les deux divisions intermédiaires.

Ce petit *Cours d'orthographe* est en même temps : un *recueil d'exercices*, une série de *leçons de choses* (leçons si fort recommandées) et une *grammaire* pour le premier âge.

Je le soumets avec confiance aux juges compétents.

Je l'ai divisé en six chapitres :

1° *Déterminatifs ;*

2° *Noms* ;

3° *Pronoms* ;

4° *Qualificatifs* ;

5° *Verbes* (auxiliaires *Avoir* et *Être*) :

6° *Mots invariables*

Ce sont les seules dénominations que je permettrais aux enfants. Ces six chapitres sont divisés en 42 leçons fort simples, et chaque leçon est suivie de nombreux exercices et d'un questionnaire.

L'avenir dira si ce petit livre offre un travail intelligent.

Nancy, octobre 1873.

E. NOËL.

CHAPITRE PREMIER.

DÉTERMINATIFS.

—

1re LEÇON.

—

ARTICLES.

Ecrivez au tableau noir, après les avoir lus et épelés, les mots suivants :

Le	La	Les
du	«	des
au	«	aux

Ces mots sont des déterminatifs ; on les place devant les noms des choses. On les appelle aussi *articles*.

Emile va dire les noms de cinq choses devant lesquels on met ordinairement le mot *le*.

Devant les mêmes noms, au lieu du mot *le*, on peut mettre *du, au*.

On dit que ces mots-sont *masculins*.

Victor va dire les noms de cinq choses devant lesquels on met ordinairement le mot *la*.

On dit que ces mots sont *féminins*.

On dit encore que tous ces mots sont du singulier, parce qu'on ne parle que d'une chose.

Charles va dire cinq noms devant lesquels on met ordinairement le mot *les*.

Devant les mêmes noms, au lieu du mot *les*, on peut mettre *des*, *aux*.

On dit que ces mots sont du pluriel, parce qu'on parle de plusieurs choses.

Exercice :

Les élèves écriront ces mêmes mots plusieurs fois, mais ils en changeront l'ordre.

QUESTIONNAIRE :

Comment nomme-t-on les mots : *le, la, les, du, au, des, aux ?* — Où les place-t-on dans l'écriture ? — Quand est ce qu'un mot est masculin ? — féminin ? — singulier ? — pluriel ? — Devant quels mots emploie-t-on *le, du, au ?* — *la ?* — *les, des, aux* ?

(Répéter ce questionnaire jusqu'à ce que les élèves y répondent convenablement, et avant de passer à une autre leçon).

2e LEÇON.

DÉTERMINATIFS NUMÉRAUX.

—

Écrivez les mots suivants au tableau noir, après les avoir lus et épelés, d'abord sur le livre, puis de mémoire.

un ou une	huit	quatorze	cinquante
deux	neuf	quinze	soixante
trois	dix	seize	cent
quatre	onze	vingt	mille
cinq	douze	trente	million
six	treize	quarante	milliard
sept			

On peut y ajouter les mots : *septante, nonante, mis pour soixante-dix, quatre-vingt-dix.*

On place ordinairement ces mots devant les noms des personnes et des choses dont on veut faire connaître le nombre. On les nomme *determinatifs numéraux.*

Ces mots s'écrivent toujours de la même manière ; cependant il y a une exception pour *un, vingt* et *cent,* qui prennent quelquefois une *s ;* c'est lorsqu'il y a dans le nombre plusieurs fois *un, vingt* ou *cent,* et que ces mots ne sont pas suivis d'un autre nombre.

Lorsque deux numéraux se suivent, ils sont joints par un trait d'union (-). Cependant on ne met jamais de trait d'union avant ni après *cent* et *mille, million* et *milliard.*

Exercices .

1° Faire écrire par tous les élèves a la fois, les dix premiers determinatifs numéraux, en changeant plusieurs fois leur ordre.

2° Faire écrire les six mots suivants, et revenir en même temps sur les premiers.

3° Faire écrire tous les autres déterminatifs numéraux, en faisant remarquer que *trente* s'écrit par *e.*

4° Faire écrire les dizaines avec les unités, en expliquant ce que l'on entend par *dizaine* et par *unité*.

QUESTIONNAIRE .

Qu'appelle-t-on déterminatif numéral ? — Quels sont les numéraux singuliers et pluriels ? — Quels sont les numéraux qui peuvent s'écrire quelquefois avec un *s*, et dans quel cas ? — Quand doit-on faire suivre un déterminatif numéral d'un trait d'union ? — Comment se terminent ordinairement les numéraux qui représentent les dizaines, et quels sont ceux d'entre eux qui font exception ?

3ᵉ LEÇON.

DÉTERMINATIFS ORDINAUX.

Ecrivez au tableau noir les mots suivants, après les avoir lus et épelés, d'abord sur le livre, puis de mémoire.

Ils sont formes des déterminatifs numéraux que nous avons écrits dans la leçon précédente.

un ième ou premier ou première	cinqu ième
deux ième ou second ou seconde	six ième
trois ième	sept ième
quatr ième (on supprime *e* dans quatre)	huit ième

On supprime l'*e* dans les dizaines, excepté dans *dix* et *vingt*.

neuv ième (on remplace *f* par *v*)		vingt	ième
dix ième		trent	ième
onz ième (on supprime *e*)		quarant	ième
douz ième	id.	cinquant	ième
treiz ième	id.	soixant	ième
quatorz ième	id.	cent	ième
quinz ième	id.	mill	ième
seiz ième	id.	million	ième

On peut y ajouter les mots : *septantième, nonantième.*

Quand on veut indiquer le rang, l'ordre qu'occupe une personne ou une chose, on emploie les mots que nous venons d'écrire. On les nomme *déterminatifs ordinaux.*

A la fin de chaque numéral, il suffit d'ajouter *ième*, et l'on obtient le déterminatif *ordinal.*

Lorsque le *numéral* qui forme un *ordinal* est terminé par *e*, on supprime cette dernière lettre.

Exercices .

1º Faire d'abord écrire les numéraux, puis faire ajouter *ième*.

On laissera pour un second exercice, ceux qui se terminent par *e*.

2º Revenir sur la leçon précédente, et ne passer à une nouvelle leçon que quand les trois premières seront parfaitement sues.

QUESTIONNAIRE.

Comment nomme-t on les déterminatifs ci-dessus ? — Pourquoi les appelle-t on *ordinaux* ? — Comment les forme t-on ? — Quels sont les numéraux qui se terminent par *s* ? — Sont-ils masculins ou féminins ?

4ᵉ LEÇON

DÉTERMINATIFS DÉMONSTRATIFS.

Épelez d'abord sur le livre, puis de mémoire, écrivez ensuite sur le tableau noir les mots suivants:

ce   *cet*   *cette*   *ces*.

On place ces déterminatifs devant le nom d'une personne ou d'une chose que l'on montre en même temps que l'on prononce ce nom. On les appelle déterminatifs *démonstratifs*, ou simplement *démonstratifs*.

On ne doit employer *cet* que devant certains mots du masculin, que la prononciation vous fera connaître, et qui commencent par une voyelle ou un *h* mue.

Quand le démonstratif masculin peut être remplacé par *un* devant une voyelle, on écrit *cet*. S'il peut être remplacé par *une*, on écrit *cette*.

Exercices.

1° Chaque élève indiquera les noms de cinq choses devant lesquels on peut mettre *ce, cet, cette, ces.*

2° Les élèves remarqueront les mots devant lesquels on met *cet* au lieu de *ce.* Ils liront d'abord dans un livre quelconque, et après avoir vu l'emploi de ce mot, ils donneront la règle.

3° Revenir sur les exercices précédents.

QUESTIONNAIRE.

Quand est-ce qu'on emploie le démonstratif ? — Quelle différence y a-t-il entre *ce* et *cet* ? — Pourquoi les appelle-t-on démonstratifs ? — Devant quels mots doit-on employer *cet* au lieu de *ce* ? — Comment reconnaît-on qu'il faut écrire *cet* au lieu de *cette* ?

5ᵉ LEÇON.

DÉMONSTRATIFS POSSESSIFS.

Epelez d'abord, sur le livre, puis de mémoire, écrivez ensuite sur le tableau noir les mots suivants :

			masculin et féminin		
mon (masculin)	ma (féminin)	notre	mes	nos
ton	id.	ta	id.	votre	tes	vos
son	id.	sa	id.	leur	ses	leurs

On emploie ces mots devant le nom des choses, lorsqu'on veut indiquer à qui elles appartiennent. On les nomme *déterminatifs possessifs*.

Lorsqu'on emploie les *possessifs* : *mon, ma, mes, nos*, l'objet possédé appartient à la personne qui parle et qu'on nomme : *première personne*.

Si l'on emploie les possessifs : *ton, ta, votre, tes, vos*, l'objet possédé appartient à la personne à qui l'on parle et que l'on nomme : *deuxième personne*.

Si l'on emploie les possessifs : *son, sa, leur, ses, leurs*, l'objet possédé appartient à la personne ou a la chose dont on parle et qu'on nomme : *troisième personne*.

Quelquefois on emploie les possessifs masculins : *mon, ton, son*, devant un mot féminin ; c'est lorsque ce mot commence par une voyelle.

Exercices.

1º Ecrire les possessifs qui concernent une personne qui parle.

2º Ecrire les possessifs qui concernent plusieurs personnes qui possèdent ensemble, ou concernant une personne qui parle au nom de plusieurs.

3º Faire de même pour les possessifs concernant la personne ou les personnes à qui l'on parle, — la personne ou la chose, les personnes ou les choses dont on parle.

4º Chaque élève nommera cinq choses devant le nom desquelles on peut mettre les possessifs de la première personne.

5º Faire de même pour les autres personnes.

6º Chaque élève indiquera cinq mots féminins devant lesquels on met l'un des possessifs masculins : *mon*, *ton*, *son*.

QUESTIONNAIRE.

Qu'appelle-t•on possessif ? — Quand est-ce qu'on emploie les possessifs *mon*, *ma*, *notre*, *mes*, *nos* ? — *Ton*, *ta*, *votre*, *tes*, *vos* ? — *Son*, *sa*, *leur*, *ses*, *leurs* ? — Quand est-ce qu'on emploie les possessifs masculins *mon*, *ton*, *son*, à la place de *ma*, *ta*, *sa* ? — Qu'appelle-t-on première personne, deuxième personne, troisième personne ? — Quels sont les possessifs qui se rapportent à chacune des trois personnes ?

(Revenir toujours sur les exercices des leçons précédentes.)

6º LEÇON.

DÉTERMINATIFS INDÉFINIS.

Epelez d'abord le livre, puis de mémoire, écrivez ensuite au tableau noir les déterminatifs suivants :

chaque	toute	certaine	aucune
plusieurs	tous	quelque	autre
nul	toutes	quelques	quel ·
nulle	quelconque	même	quelle
tout	certain	aucun	tel

Ces déterminatifs n'indiquant pas d'une manière positive de quel objet on parle, ou le nombre d'objets, on leur donne le nom de *déterminatifs indéfinis*; et comme tous les déterminatifs, ils se placent devant le nom des personnes ou des choses.

Les déterminatifs *chaque, plusieurs*, s'écrivent toujours de la même manière.

Exercices.

1° Ecrire d'abord les indéfinis qui désignent le singulier, — le pluriel.

2° Ecrire ceux qui se placent devant un mot masculin, — féminin.

3° Ecrire à plusieurs reprises, en différents ordres, tous les indéfinis ci-dessus.

4° Revenir sur tous les exercices précédents, comme récapitulation.

QUESTIONNAIRE.

Qu'appelle-t-on déterminatifs indéfinis ? — Pourquoi les appelle-t-on indéfinis ? — Quels sont les indéfinis masculins ? — féminins ? — masculins et féminins, c'est-à-dire des deux genres ?

(Répéter tous les questionnaires du premier chapitre, et ne passer au chapitre second qu'au moment où les élèves répondent convenablement aux questions et écrivent sans faute tous les mots indiqués dans ce premier chapitre.

CHAPITRE SECOND.

NOM.

—

7ᵉ LEÇON.

On appelle *nom* le mot qui sert à nommer, a désigner un être ou un objet quelconque.

Si le *nom* que l'on écrit convient à tous les êtres, à toutes les choses semblables, on l'appelle *nom commun*.

Si le *nom* ne convient pas à tous les êtres semblables, si quelquefois il ne convient qu'a un seul être, on l'appelle *nom propre*.

Si le nom désigne plusieurs choses, plusieurs êtres, il est du pluriel. S'il ne désigne qu'un seul être, il est du singulier.

Lorsqu'on peut mettre, devant un nom, les mots *le, un,* il est masculin. Si l'on peut mettre devant ce nom les mots *la, une,* il est féminin.

1° La plupart des noms se terminent au pluriel par *s*.

2° Si les noms sont déjà terminés au singulier par *s, x, z,* on les écrit de même au pluriel.

3° Si les noms sont terminés au singulier par *au, eu,* on y ajoute *x* pour le pluriel.

4° Si les noms sont terminés au singulier par *al*, on met au pluriel *aux* au lieu de *al*, excepté pour les mots *bal, regal, carnaval,* qui prennent *s*.

5° Presque tous les noms terminés par *au* au singulier s'écrivent *eau*. Jamais on ne met *e* devant *aux* lorsque le singulier est terminé par *al*.

Noms communs. — 1re SÉRIE.

Noms de quelques parties du corps humain et des sens :

tête	cou	gorge	palais
poitrine	nez	sein	goût
estomac	joue	pouce	cœur
ventre	barbe	coude	poumon
bras	doigt	buste	veine
cuisse	genou	ongle	artère
jambe	bouche	ouie	nerf
pied	dent	vue	sang
cheveu	langue	regard	gosier
œil	menton	tact	os
oreille	lèvre	toucher	muscle
main	épaule	odorat	chair

Exercices.

1° Ecrire chaque colonne des noms ci-dessus, après les avoir épelés sur le livre, puis de mémoire, sur le cahier, et ne passer a une autre colonne qu'après avoir écrit la précédente de mémoire et sans faute.

2º Les élèves seront exercés à trouver eux-mêmes ces noms, en suivant un ordre quelconque, et a les écrire ensuite.

8ᵉ LEÇON.

EXERCICES SUR LA LEÇON PRÉCÉDENTE

1º Mettre au pluriel les noms de la leçon précédente en y ajoutant un déterminatif pluriel quelconque.

2º Mettre au pluriel les mêmes noms, en mettant devant chacun d'eux un déterminatif numéral.

3º Placer devant chacun de ces noms un déterminatif indéfini quelconque, dire comment doit s'écrire le nom, et quel déterminatif on doit y joindre.

4º Prendre les noms précédents par groupes de cinq, et placer devant chacun tous les déterminatifs indiqués, autres que les numéraux et ordinaux,

5º Ecrire avec un numéral quelconque tous les noms qui prennent *s* au pluriel ; — tous les noms terminés en *s*, *x*, *z*, au singulier ; — avec d'autres numéraux, tous les noms terminés au singulier par *au*, *eu*.

6º — *Règle.* — Lorsqu'un mot commence par une voyelle au lieu de mettre *le*, ou *la*, devant ce mot on met *l'*.

(Ce signe (') est la barre tirée sur une lettre que l'on veut supprimer.)

Ex. : la âme.

QUESTIONNAIRE.

Qu'est-ce que le nom ? — Comment reconnaît-on le nom propre ? — le nom commun ? — Comment écrit-on ordinairement les noms communs pour les mettre au pluriel ? Comment encore lorsqu'ils sont terminés au singulier par *s*, *x* ou *z* ? — ou par *au*, *eu* — par *al* ? — Donnez les noms des parties de la tête — ceux des membres — ceux des sens — ceux de l'intérieur du corps

---

9ᵉ LEÇON.

Il y a sept noms terminés par *ou* qui prennent *x* au pluriel : *chou, genou, hibou, joujou, caillou, pou, bijou.* Tous les autres prennent *s*.

Le mot *époux* se termine toujours par *x*.

Il y a sept noms en *ail* qui changent *ail* en *aur* au pluriel : *bail, émail, corail, soupirail, vantail, vitrail, travail.* Tous les autres en *ail* prennent *s*.

Ail peut s'écrire au pluriel *ails* ou *aulx*.

Epelez d'abord sur le livre, puis de mémoire, écrivez ensuite sur le tableau noir ou sur le cahier, les noms suivants, qui sont au singulier :

2ᵉ SÉRIE : *Noms employés dans la famille :*

mon père	notre nièce	ma servante
ma mère	ce cousin	votre domestique
ton frère	cette cousine	notre ami
ta sœur	le papa	le maître
son fils	la maman	une maîtresse
sa fille	un enfant	son gendre
leur grand'père	un vieillard	sa bru
leur grand'mère	aucun homme	ton mari
votre oncle	aucune femme	ton époux
votre tante	le garçon	son épouse
notre neveu	chaque serviteur	le valet.

Exercices.

1° Ecrire au pluriel les déterminatifs et les noms qui doivent prendre *s* — ceux qui prennent *x*.

2° Mettre devant chacun de ces noms d'autres déterminatifs au singulier et au pluriel.

3° Indiquer le masculin et le féminin de chacun des noms ci-dessus.

4° Revenir sur les exercices précédents.

-QUESTIONNAIRE.

Comment forme-t-on le pluriel dans les noms terminés par *ou* — par *ail* ? — Quels sont les noms en *ou* qui prennent *x* au pluriel ? — Quels sont les noms en *ail* qui changent *ail* en *aux* ? — Comment fait-on le pluriel dans les autres ? — Quel serait l'ordre de parenté dans les noms ci-dessus ?

(Répéter de mémoire les noms de la leçon et revenir sur les questionnaires précédents)

10ᵉ LEÇON

3ᵉ SÉRIE : *Ce que l'on trouve dans la chambre :*

Epelez d'abord sur le livre, puis de mémoire, écrivez ensuite sur le tableau noir ou sur le cahier, les noms suivants qui sont au singulier :

un meuble	votre bureau	le tapis
la chaise	une horloge	une glace
cette table	cette pendule	ce rideau
ce fourneau	cette armoire	le berceau
le poêle	ta commode	votre secrétaire
chaque porte	leur buffet	un tableau
notre lit	votre bougie	une bibliothèque
un fauteuil	ma chandelle	
la fenêtre	un matelas	

Exercices .

1° Mettre tous les déterminatifs et les noms au pluriel.

2° Indiquer d'abord les noms masculins — puis tous les noms féminins.

3° Indiquer tous les noms qui, au pluriel, prennent *s* — *x* — ou qui ne changent pas.

4° Remplacer tous les déterminatifs ci-dessus par des indéfinis, au singulier et au pluriel.

QUESTIONNAIRE.

Renouveler toutes les questions des leçons précédentes

11ᵉ LEÇON.

(Commencer cette leçon et toutes les suivantes comme les précédentes).

4ᵉ Série : *Ce que l'on trouve à la cuisine ou à l'office :*

ces poêles	des couteaux
des réchauds	plusieurs plats
des marmites	nos verres
trois pots	ces pincettes
les feux	faïence
le bois	ces porcelaines
des charbons	deux éviers
vos casseroles	leurs seaux
nos pelles	des paniers
deux grils	viande
quatre écuelles	plusieurs sauces
vos assiettes	soupe
toutes les cuillers	vaisselle
plusieurs fourchettes	ses légumes

bouillon	sel
vapeur	toutes vos cruches
des œufs	café
lait	pain
des fromages	beurre
vos confitures	des broches
miel	des blocs
sucre	des chenets
poivre	

Exercices.

1° Mettre devant chacun des noms ci-dessus les déterminatifs au singulier et indiquer, s'il y a lieu, les noms qui ne s'écrivent pas au pluriel.

2° Remplacer les déterminatifs que nous venons d'écrire, d'abord au singulier, puis au pluriel, 1° par les démonstratifs; 2° les possessifs ; 3° les numéraux; 4° les ordinaux; 5° les indéfinis.

3° Répéter avec ces noms les exercices précédents.

QUESTIONNAIRE.

Comment écrit-on au singulier les mots : *grils, casseroles, réchauds, faience, bouillon, cuillers, verres, etc.*

(Le maître ou l'aide commencera à donner la signification de quelques mots, et son explication sera répétée dans la leçon suivante.)

12e LEÇON.

5° Série : *Ce qui compose une maison :*

ırs	plâtres	tuiles
ırres	fenêtres	charpentes
·ridors	portes	chevrons
ımbres	greniers	poutres
aliers	cloisons	toits
·es	plafonds	toitures
ırs	rez-de-chaussee	lucarnes
sines	étages	persiennes
ıns	clefs	volets
es	ardoises	cheminées

Exercices .

ıus ces noms étant au pluriel, les mettre au sin-
er.

ıre, pour ces noms, les mêmes exercices que
les leçons précédentes, et revenir sur celles-ci.

QUESTIONNAIRE.

nme dans les leçons précédentes.)

13ᵉ LEÇON.

6ᵉ Série : *Ce que l'on trouve au jardin :*

légumes	carottes	framboises
fruits	navets	fraises
salades	ails	fleurs
petits-pois	échalottes	arbres
fèves	ciboules	arbustes
haricots	cerfeuils	arbrisseaux
laitues	persils	espaliers
endives	poireaux	treilles
épinards	oignons	pommes de terre
oseilles	raves	semences
melons	groseilles	graines
concombres	radis	herbes
cornichons	salsifis	haies
choux		

Exercice.

(Comme dans les leçons précédentes).

QUESTIONNAIRE.

ın   me précédemment.)

N. B. — Revenir toujours sur les leçons, les exercices, les questionnaires précédents, et ne passer à une nouvelle leçon qu'après s'être assuré que la dernière est convenablement sue.

14ᵉ LEÇON.

7ᵉ Série : *Ce que l'on trouve à la cave :*

Tonneau	bière	robinet	cuve
baril	cidre	bonde	cuveau
bouteille	huile	foudre	caveau
bouchon	eau-de-vie	baquet	broc
vin	liqueur		

Exercices.

(Comme dans les leçons précédentes).

QUESTIONNAIRE .

(Comme précédemment)

15ᵉ LEÇON.

8ᵉ Série : *Les arbres et les fruits :*

pomme — pommier	prune — prunier
poire — poirier	mirabelle — mirabellier
abricot — abricotier	cerise — cerisier

coing — cognassier	châtaigne — châtaignier
noisette — noisetier	amande — amandier
marron — marronnier	citron — citronnier
pêche — pêcher	gland — chêne
noix — noyer	faîne — hêtre
olive — olivier	nèfle — néflier
figue — figuier	sorbe — sorbier
orange — oranger	mûre — mûrier
alize — alizier	merise — merisier

Arbrisseaux, arbustes et arbres.

framboise — framboisier	frêne
groseille — groseillier	érable
sureau	sapin
osier	pin
églantier	bouleau
houx	saule
épine	orme
aubépine	peuplier
cassis	tremble
charme	acacia

Remarque : La plupart des noms d'arbres fruitiers sont terminés au singulier par *er*.

Exercices.

1º Le nom de l'arbre étant donné, écrire le nom du fruit — et réciproquement.

2º Joindre à ces noms des déterminatifs pluriels.

QUESTIONNAIRE.

Comment appelle-t-on l'arbre qui produit la pêche — la figue — la faîne — l'abricot — l'olive — la noisette (coudrier) etc. — Comment appelle-t-on le fruit du chêne — du mûrier — du noyer — du cognassier — du tremble — du framboisier — du peuplier — de l'osier, etc. — Comment se terminent les noms d'arbres fruitiers ?

16ᵉ LEÇON.

9ᵉ Série : *Ce que l'on peut trouver dans un animal :*

la tête	les griffes	la chair	les poumons
les pattes	les cornes	les os	le ventre
les ailes	le bec	les veines	le flanc
le poil	les dents	la langue	les sabots
les plumes	le sang	le cœur	l'estomac
la peau	la queue	le foie	le cerveau
les ongles			

Exercices.

(Comme dans la 8ᵉ leçon).

QUESTIONNAIRE.

(Comme dans la 8ᵉ leçon)

17ᵉ LEÇON.

10ᵉ Série : *Les animaux :*

1ᵒ UTILES.

A. — *Quadrupèdes.*

Cheval — cavale — poulain — jument ;
Ane — ânesse — ânon — mulet — mule ;
Bœuf — vache — veau — taureau — génisse ;
Mouton — brebis — agneau — bélier ;— chèvre -
bouc — chevreau ;
Chien —chienne ;— lapin — lapereau ;
Chat — chatte — matou ;
Porc — truie — cochon — pourceau.

B. — *Oiseaux.* - *Volailles.*

Poule — coq — poussin — poulet ;
Oie — jars — oison — canard — cane   caneton ;
Dindon - dinde — dindonneau,
Pigeon — pigeonneau — colombe ;
Pintade — faisan — paon.

C. - *Poissons.*

Carpe — brochet — perche — goujon — truite —
baleine — tanche — barbeau — saumon — anguille
— hareng — morue — raie — sole — sardine —
maquereau — ablette.

2° UTILES, OU NUISIBLES.

Loup — sanglier — couleuvre — vipère — serpent — rat — souris — renard — fouine — putois — ours — belette — taupe — ver — lion — tigre — lièvre — vautour — aigle — lézard — grenouille — chevreuil — cerf — perdrix — bécasse — caille — alouette — fauvette — rouge-gorge — chardonneret — pinson — geai — corbeau — buse — hibou — chouette — épervier — hirondelle — mésange — merle — tourterelle — grive — moineau — éléphant — chameau — dromadaire — crapaud — blaireau — abeille — fourmi — mouche — guêpe.

Exercices.

1° Ecrire les noms des quadrupèdes utiles — nuisibles ;

2° Ecrire les noms des animaux domestiques — sauvages ;

3° Ecrire les noms des insectes — des oiseaux — des poissons ;

4° Placer un déterminatif singulier devant les noms de chaque catégorie ;

5° Faire le même exercice avec les déterminatifs pluriels.

QUESTIONNAIRE.

Qu'appelle-t-on quadrupèdes — oiseaux — poissons ? — Qu'est-ce qu'un animal sauvage — domestique ? (Revenir sur les questionnaires précédents.)

Remarque : Nous entendons par animaux utiles ceux qui aident à l'homme dans ses travaux. Faire un exercice particulier pour les animaux qui sont utiles a l'homme pour la grande quantité d'insectes qu'ils détruisent.

***

18° LEÇON.

11° Série : *Ce qui frappe nos regards à la campagne :*

villes	chemins	coteaux
villages	sentiers	vergers
hameaux	routes	lacs
bourgs	ruisseaux	étangs
communes	rivières	sillons
paroisses	fleuves	vignes
maisons	canaux	verdures
châteaux	forêts	feuillages
chaumières	bois	fossés
fermes	moissons	vallons
cabanes	récoltes	clochers
palais	foins	églises
usines	arbres	temples
manufactures	collines	rochers
champs	vallées	moulins
jardins	plaines	fabriques
prés ou prairies	ravins	

Exercices.

1° Placer devant chaque nom des déterminatifs singuliers : numéraux ou ordinaux — démonstratifs — possessifs, si on le peut, — indéfinis.

2º Répéter les règles sur le pluriel dans les noms, et applications.

QUESTIONNAIRE.

(Comme dans les leçons precedentes.)

19ᵉ LEÇON.

12ᵉ Série : *Outils et instruments :*

charrue	pioche	chaîne	ciseaux
charrette	fourche	balance	serpe
chariot	râteau	fouet	hache
voiture	brouette	rabot	faux
herse	fléau	marteau	tour
rouleau	van	scie	enclume
houe	crible	vrille	lime
échelle	harnais	tenailles	foret
hoyau	trait	ciseau	

Exercices .

(Comme dans les leçons précédentes).

Remarque : Comme chaque atelier a des outils et des instruments particuliers, nous ne donnerons pas des séries spéciales. Chaque maître peut en faire pour les ateliers les plus communs dans la localité.

QUESTIONNAIRE.

(Comme précédemment.)

20ᵉ LEÇON.

13ᵉ Série : *Divers métiers ou professions.*

L'élève indiquera lui-même ce que fait :

le jardinier	le bottier	le droguiste
le fleuriste	le cordonnier	le percepteur
le sellier	le banquier	le professeur
le terrassier	le barbier	l'ingénieur
le menuisier	le quincaillier	le coiffeur
le vitrier	le bijoutier	le sculpteur
le chapelier	le cabaretier	le tourneur
le ferblantier	l'horloger	l'imprimeur
le plâtrier	le boulanger	le restaurateur
le serrurier	le boucher	le meunier
le savetier	l'ébéniste	le fileur
le charpentier	le fumiste	le charron
l'épicier	le lampiste	le maçon

la couturière	le couvreur	l'écrivain
le libraire	le tailleur	le peintre
le médecin	le laboureur	le relieur
le pharmacien	le cultivateur	

Exercices.

1° Les élèves indiqueront le féminin de quelques-uns des noms ci-dessus.

2° Écrire le nom connu de chaque profession.

3° Mêmes exercices que précédemment.

QUESTIONNAIRE.

(Comme précédemment.)

21e LEÇON.

14 Série : *Minéraux* :

la terre	le grès	l'étain	le laiton
la pierre	le marbre	le plomb	le bronze
le sel	le caillou	le cuivre	la soude
le sable	le diamant	l'argent	la potasse
l'argile	le minerai	l'or	le métal
la chaux	le soufre	le platine	l'acier
le plâtre	le fer	le mercure	la fonte
la houille	le zinc		

Exercices.

1° Indiquer quelques noms formés des précédents ;

2° Mêmes exercices que précedemment.

Remarque : Quelques-uns de ces noms sont toujours du singulier.

QUESTIONNAIRE.

(Comme précédemment.)

22ᵉ LEÇON.

15° Série : *Quelques noms géographiques :*

une mer	un royaume
l'Océan	une république
un continent	un empire
une contrée	une montagne
une province	un cap
un département	un désert
un arrondissement	un détroit
un canton	une île
une commune	un isthme
un gouvernement	un méridien
une colonie	une oasis

l'équateur	l'Algérie
un golfe	la Prusse
un volcan	la Russie
un cratère	l'Allemagne
un pic	la Suède
le nord	l'Italie
le sud	l'Espagne
l'est	la Suisse
l'ouest	l'Angleterre
un port	la Belgique
une capitale	la Hollande
l'Europe	l'Autriche
l'Asie	la Turquie
l'Afrique	le Portugal
l'Amérique	la Grèce
l'Océanie	le Danemark.
la France	

Exercices :

1° Écrire le nom du peuple de chacun des pays indiqués.

2° Mêmes exercices que précédemment.

Remarque : Les noms de pays ne changent pas ; ce sont des noms propres ; ils prennent une majuscule.

QUESTIONNAIRE :

(Revenir sur les précédents.)

23ᵉ LEÇON.

16 Série : *Quelques vertus et quelques vices*
ou défauts :

la bonté	le dévouement	la paresse
l'humilité	la frugalité	l'ingratitude
la charité	la pitié	la tromperie
la sagesse	la compassion	la lâcheté
la douceur	l'obéissance	la désobéissance
la patience	le respect	l'envie
la fermeté	l'amour	la débauche
la justice	l'amitié	la calomnie
le travail	le devoir	le mensonge
la tempérance	la reconnaissance	l'hypocrisie
la probité	la bravoure	la colère
la loyauté	la clémence	l'ignorance
l'honneur	l'orgueil	la brutalité
la prudence	la méchanceté	l'injustice
la piété	la cruauté	la gourmandise

Il y a aussi : la force, la sottise, l'intelligence, la mémoire, la pensée, le bonheur, le malheur, la joie, la tristesse, le chagrin, la satisfaction, la tranquillité, le repos, la fatigue, le sommeil, la candeur, la pauvreté, la richesse.

Exercices.

1° Mettre en regard de chaque vertu le vice contraire — et en regard de chaque vice, la vertu qui lui est opposée.

2° Combiner quelques-uns des exercices précédents.

QUESTIONNAIRE.

Qu'appelle-t-on vice ? — Qu'appelle-t-on vertu ? — Que doit-on preferer? — Quelles sont les vertus ? — les vices particuliers aux enfants, etc.

24ᵉ LEÇON.

17ᵉ Série : *Les poids et mesures·*

Une longueur : — Le mètre — le kilomètre — le centimètre ;
Une surface : — Un are — un hectare — un centiare ;
Un volume : — Un stère — un décistère ;
Une contenance : — Un litre — un hectolitre ;
Un poids : — Le gramme — le kilogramme —le quintal — la tonne ;
Une valeur : — Le franc — le centime.

Exercices.

Ecrire tous ces noms en y ajoutant des déterminatifs numéraux et dire ce qu'est chaque mesure.

QUESTIONNAIRE.

(Les questions que l'on peut faire ici sont des questions de calcul. — Le maître peut les multiplier à son gré.)

25ᵉ LEÇON.

18ᵉ Série :

On trouve :

1° Chez l'épicier :

Du café — du sucre — de la bougie — du savon — de la chandelle — du poivre — du sel — du fromage — de la chicorée — de l'huile — du vinaigre — de la semoule — du riz — du vermicelle — du macaroni — de la cassonade — des balais — de la mélasse — de la moutarde — une balance — des poids.

2° Chez le boulanger :

Du pain — de la farine — de la pâte — du son — un pétrin — un four — des corbeilles — de la braise, etc.

3° Chez le pâtissier :....

4° Chez le quincaillier :..

5° Chez un mercier : ..

(Le maître fera lui-même des exercices semblables pour différentes industries).

Exercices : (comme précédemment).

QUESTIONNAIRE.

Ou trouve t on du café — du fromage — du pâté — de
la farine — du ruban, etc.
(Multiplier ces questions.)

26e LEÇON.

19ª série. — *Noms génériques* :

homme	terre	saison	métal
animal	champ	température	prairie
minéral	jardin	insecte	campagne
nature	ouvrier	arbre	artisan
ciel	temps	végétal	peuple

Exercices.

(Comme précédemment).

QUESTIONNAIRE.

(Comme dans les leçons précedentes.)

27ᵉ LEÇON.

20ᵉ SÉRIE — *Temps et température :*

le siècle	le lendemain	octobre
l'année	dimanche	novembre
le mois	lundi	décembre
la semaine	mardi	le printemps
le jour	mercredi	l'été
l'heure	jeudi	l'automne
la minute	vendredi	l'hiver
la seconde	samedi	le froid
la nuit	janvier	le chaud
le matin	février	la gelée
le soir	mars	la pluie
minuit	avril	le moment
midi	mai	l'instant
le présent	juin	la durée
le passé	juillet	l'éternité
l'avenir	août	l'immortalité
la veille	septembre	

Exercices.

1° Nommez par ordre, soit en augmentant, soit en diminuant, les mesures de temps.

2° Mettre au pluriel les noms ci-dessus qui peuvent y être mis et les faire précéder d'un déterminatif quelconque.

QUESTIONNAIRE.

Nommez tous les mois de l'année ? — Quels sont les jours de la semaine — les saisons, etc.

28ᵉ LEÇON.

21ᵉ SÉRIE. — *Le ciel, l'atmosphère, les mers :*

Dieu	les planètes	les frimas	un ouragan
l'ange	le monde	le givre	le vent
les saints	l'azur	le verglas	la marine
les justes	les nuages	la glace	un marin
la puissance	un orage	la gelée	un bateau
les elus	la pluie	la tempête	un navire
le soleil	la neige	le firmament	un vaisseau
la lune	la grêle	l'atmosphère	les matelots
les étoiles	le brouillard	un astre	la marée.

EXERCICES ET QUESTIONNAIRE.

(Comme précédemment.)

29ᵉ LEÇON.

22ᵉ SÉRIE. — Ce qui concerne l'école :

le maître	le carton	le dessin
l'instituteur	le banc	l'orthographe
l'adjoint	la table	l'histoire
le moniteur	le tableau	la géographie
un élève	une carte	le chant
un écolier	l'estrade	la chimie
un inspecteur	le pupitre	la musique
le livre	un christ	la physique
le cahier	l'ecritoire	la botanique
la plume	l'encrier	l'étude
le crayon	la lecture	le devoir
le papier	l'écriture	une classe
l'encre	le calcul	les vacances.
la règle		

30ᵉ LEÇON.

23ᵉ SERIE. — Ce qui concerne une église :

le sacristain	un abbé	un cierge
le curé	le séminaire	le vitrail

le confesseur	le suisse	la sacritie
un évèque	la chapelle	la confessionnal
le chantre	une croix	le prêtre
le sonneur	les statues	les fonts
l'organiste	la nef	le bénitier
le bedeau	le chœur	la chaire
le pape	les autels	l'orgue
un cardinal	le vicaire	les cloches
un chanoine	le tabernacle	la sonnette
l'archevêque	les colonnes	la balustrade

31° LEÇON.

24° SÉRIE. — Quelques plantes et quelques fleurs
ou leurs produits.

le blé	le foin	la rose
le seig'e	le regain	l'œillet
l'orge	la betterave	la violette
l'avoine	le co'za	le lis
le sarrazin	le grain	la giroflée
le maïs	la paille	la marguerite
la pomme de 'erre	les gerbes	le lilas
le fourrage	la vigne	la balsamine
les céréales	la renoncule	le réséda
la luzerne	le raisin	la pivoine
le trèfle	le houblon	la pensée
le sainfoin	le chanvre	la pervenche.
la lupu'ine	le lin	

Exercices.

Dans la plupart des leçons que nous venons d'indiquer, tous les exercices sont à peu près semblables. Il faut écrire les noms de chaque série jusqu'au moment où les élèves les connaissent, soit pour l'orthographe, soit pour le sens, en y ajoutant à chaque fois des déterminatifs différents.

Agir de même pour le questionnaire qui termine chaque leçon.

Il ne faut pas oublier de revenir chaque jour, pendant quelques instants, sur les leçons précédentes.

CHAPITRE TROISIÈME

PRONOMS.

—

32° LEÇON.

Quand on ne veut pas répéter le nom déjà dit, d'une personne ou d'un être quelconque, on peut remplacer ce nom par les mots suivants.

Ces mots, mis à la place d'un nom pour ne pas le répéter ou ne pas le prononcer, s'appellent *pronoms.*

Les pronoms employés le plus souvent sont : 1º pour le masculin : *il*, — *ils*, — *lui*, — *eux*, — *celui*, — *celui-ci*, -- *celui-là*, — *ceux-ci*, — *ceux-là*, — *le mien*, — *le tien*, — *le sien*, — *les miens*, — *les tiens*, — *les siens*, — *lequel*, — *duquel*, — *auquel*, — *chacun*, — *personne*, — *rien*, — *autrui*, — *ce*, — *ceci*, — *cela*, — *aucun*.

2º Pour le féminin : *elle*, — *elles*, — *celle*, — *celle-ci*, — *celle-là*, — *la mienne*, — *la tienne*, — *la sienne*, — *les miennes*, — *les tiennes*, — *les siennes*, — *laquelle*, — *chacune*, — *aucune*.

3º Pour le masculin ou le féminin, indistinctement : *je*, — *me*, — *moi*, — *nous*, — pour la première personne ou celle qui parle.

Tu, — *te*, — *toi*, — *vous*, — pour la seconde personne ou celle à qui l'on parle.

Se, — *soi*, — *en*, — *y*, — *qui*, — *que*, — *dont*, etc., pour la troisième personne ou celle dont on parle.

Remarques : — 1º Les mots *le*, — *la*, — *les* que nous connaissons déjà comme déterminatifs, deviennent pronoms lorsqu'ils ne sont pas devant un nom et qu'ils le remplacent.

2º Le mot *ce*, démonstratif, devient aussi pronom lorsqu'il n'est pas devant un nom.

3º Quand les mots *notre*, — *votre*, — *leur*, — sont précédés de l'un des mots *le, la, les*, et qu'ils ne sont pas devant un nom, ils sont pronoms et prennent, les deux premiers, un accent circonflexe.

4º Quand on veut parler des personnes ou des choses dont on ne connaît pas le nom, ou que l'on ne veut pas nommer, on emploie les pronoms : *on, quiconque, autrui, personne, chacun*, etc.

Exercices.

1° Repasser dans la cinquième leçon, ce qui concerne les trois personnes et appliquer les mêmes observations aux pronoms ;

2° Désigner tous les pronoms qui remplacent le nom de la personne qui parle — à qui l'on parle — ou de la personne ou de la chose dont on parle.

3° Mettre le pluriel en regard de chaque pronom singulier, — le féminin en regard du masculin.

4° Exercices d'écriture de ces mots.

QUESTIONNAIRE.

Qu'est-ce que le pronom ? — Quels sont les déterminatifs qui deviennent quelquefois pronoms? — Quand est-ce qu'ils sont pronoms ? — Quelle remarque fait-on sur les mots *notre, votre* ? — Qu'appelle t on la première personne ? — la deuxième personne ? — la troisième personne? — Quels sont les pronoms de chacune des trois personnes ?

CHAPITRE QUATRIÈME.

QUALIFICATIFS.

—

33e LEÇON.

Lorsque l'on veut indiquer de quelle manière est une personne ou une chose, c'est-a-dire *comment est* un être quelconque, quelles sont ses qualités bonnes ou mauvaises, on ajoute au nom certains mots que l'on nomme *qualificatifs*.

On reconnaît qu'un mot est *qualificatif* quand on peut y joindre un nom qui peut avoir cette qualité.

1re SÉRIE. — *Comment peut être un homme ?*

grand	reconnaissant	doux	brusque
savant	brave	affable	avare
fort	sobre	mauvais	prodigue
instruit	patient	méchant	ignorant
sage	poli	ingrat	traître
prudent	élégant	impie	perfide
aimable	honnête	violent	lâche.
bienfaisant	probe		

Exercices.

1º Joindre un des qualificatifs ci-dessus à des noms que l'élève désignera lui-même, et au singulier.

2º Joindre un nom pluriel à chacun de ces qualificatifs et les faire accorder.

(Le qualificatif est du même nombre que le nom).

3º Ajouter un déterminatif quelconque à chaque nom accompagné d'un qualificatif.

QUESTIONNAIRE.

Qu'appelle-t-on qualificatif ? — Comment reconnaît-on qu'un mot est qualificatif ? — Comment forme-t-on le pluriel dans les qualificatifs ?
(Répéter les règles du pluriel dans les noms).

34ᵉ LEÇON.

Le même significatif peut être singulier ou pluriel, et dans ce cas, il suit les mêmes règles que le nom, il peut être masculin ou féminin; mais dans le cas où il accompagne un nom féminin, il faut ordinairement y ajouter la lettre *e*, à moins qu'il ne soit déjà terminé par cette lettre.

Beaucoup de qualificatifs font exception à cette règle :

1º Si le qualificatif masculin est terminé par *eux*, on met au féminin *euse*.

2ᵉ SERIE. — *Comment peut être un homme.*

obligeant	pieux	odieux
clément	soigneux	dangereux
sensib'e	prévenant	studieux
insensible	complaisant	paresseux
illustre	sérieux	laborieux
habile	vertueux	sincère
utile	vicieux	agréable
aveugle	peureux	boiteux
humain	religieux	cérémonieux
dur	parcimonieux	minutieux
heureux	faible	silencieux
courageux	sale	soupçonneux
malheurenx	gracieux	hargneux
honteux		

Exercices.

1º Joindre chacun des qualificatifs ci-dessus à un nom féminin, en les divisant en trois catégories : *a,* — ceux qui prennent *e* — pour le féminin ; *b,* — ceux qui s'écrivent au féminin comme au masculin — *c,* ceux qui changent *eux* en *euse* ;

2º Ajouter des déterminatifs quelconques à cette première combinaison du nom avec le qualificatif ;

3º Mettre le tout au masculin pluriel, puis au féminin pluriel.

QUESTIONNAIRE.

En employant les qualificatifs ci-dessus, dire comment peut être une femme ? — Comment écrit-on les qualificatifs joints à des noms féminins ? — Comment, s'ils sont déjà terminés par E ? — Comment, s'ils sont terminés par *eux* ?

35ᵉ LEÇON.

2° Quand un qualificatif est terminé pour le masculin par *f*, on l'écrit au féminin en remplaçant *f* par *ve.*

3ᵉ SÉRIE. — *Application à la règle.*

actif	poussif	bref	craintif
naïf	pensif	neuf	décisif
expressif	oisif	veuf	chétif
passif	oppressif	extensif	collectif
subversif	préventif	adoptif	définitif
hâtif	progressif	rétif	plaintif
convulsif	qualificatif	captif	répressif
vif	suspensif	fugitif	offensif
exécutif	vindicatif	instructif	défensif
persuasif	répulsif	relatif	tardif
récréatif	nutritif	maladif	attentif
expansif	auditif	significatif	juif
excessif	déterminatif		

Exercices.

1° Choisir parmi les qualificatifs ci dessus ceux qui s'appliquent à l'homme et y joindre un nom d'homme.

2° Même exercice en y joignant un nom de femme.

3° Mêmes exercices pour les qualificatifs qui s'appliquent aux animaux, aux choses.

4° Combiner les déterminatifs avec ces mots.

5° Répéter l'explication donnée sur le sens de quelques-uns de ces mots.

(L'élève se rappellera que le nom d'une personne ne change pas.)

QUESTIONNAIRE.

Comment faut-il écrire au féminin les qualificatifs terminés en *f* — en *eux* — en *e*. — Comment fait-on le pluriel des qualificatifs ? (Revenir sur les leçons precédentes.)

36ᵉ LEÇON.

3° Les qualificatifs terminés par *el, eil, en, on, et, as, os, ul,* doublent ordinairement la dernière consonne. Cependant les qualificatifs : *concret, complet, discret, secret, inquiet* et *replet,* ne doublent pas le *t* final.

4° Les qualificatifs terminés par *eur* changent au féminin *eur* en *euse.* Cependant, *interieur, extérieur, postérieur, supérieur, inférieur, antérieur, ultérieur, meilleur*, prennent *e* au féminin.

5° Les qualificatifs en *teur* changent ordinairement *teur* en *trice* au féminin.

4ᵉ Série : *Applications aux régles précédentes.*

ancien	éternel	naturel	las
net	gros	surnaturel	profès
coquet	épais	manuel	vieil
gentil	paysan	personnel	superficiel
bluet	usuel	habituel	substantiel
universel	mensuel	païen	rationnel
sujet	mutuel	vermeil	ponctuel
spirituel	nul	bouffon	mercuriel
officiel	tel	pareil	maternel
fraternel	gras	mignon	annuel
solennel	actuel	chrétien	paternel
mortel	bas	muet	cruel
immortel	sot		

5ᵉ série. — *Application.*

tailleur	voyageur	protecteur	directeur
menteur	grondeur	inspecteur	moteur
rieur	rêveur	instituteur	tuteur
trompeur	calomniateur	créateur	admirateur
parleur	accusateur	délateur	conducteur
chanteur	adulateur	cultivateur	moniteur
fumeur			

Exercices.

1º Joindre un nom féminin et un déterminatif a chacun des qualificatifs ci-dessus.

2º Mettre tous ces qualificatifs au pluriel avec un nom et un déterminatif masculin.

3º Mettre à part tous les qualificatifs qui peuvent se dire des hommes.

QUESTIONNAIRE.

Quelle est la terminaison des qualificatifs qui doublent ordinairement pour le féminin, la dernière lettre du masculin. — Répéter, avec les exceptions les règles que nous avons données pour la formation du féminin dans les qualificatifs,

---

37ᵉ LEÇON.

Lorsqu'un qualificatif se rapporte à plusieurs noms, il doit être au pluriel ; si parmi ces noms, il y en a un masculin, le qualificatif est masculin pluriel.

6ᵉ SÉRIE. — *Qualificatifs qui font irrégulièrement le féminin.*

doux — douce	roux — rousse
nouveau — nouvelle	mou — molle
faux — fausse	beau — belle
fou — folle	vieux — vieille

On dit aussi, au masculin :
Bel oiseau — bel homme — bel arbre, etc.
Nouvel an — nouvel hiver — nouvel habit — nouvel élève, etc.
Fol espoir, etc.
Mol abandon, etc. — vieil ami — vieil habit, etc.

Frais, fraîche — sec, sèche — favori, favorite — public, publique — caduc, caduque — turc, turque — grec, grecque — coi, coite — malin, maligne — bénin, bénigne — long, longue — aigu, aigue — exigu, exigue — contigu, contiguë — ambigu, ambigue — franc, franche — blanc, blanche — pêcheur, pécheresse.

Les qualificatifs suivants n'ont point de féminin, ayant le même sens :

Auteur, professeur, docteur, médecin, écrivain, châtain, fat.

Exercices.

1° Joindre un nom masculin, puis un nom féminin à chacun des qualificatifs ci-dessus.

2° Joindre ensuite deux noms avec déterminatifs à chacun d'eux, soit deux noms féminins, soit un nom masculin et un nom féminin.

QUESTIONNAIRE.

Comment fait-on le pluriel des qualificatifs qui se rapportent à plusieurs noms ? — Comment fait on le féminin de tous les qualificatifs ci-dessus.

(On prendra chacun des qualificatifs à part, en écrivant seulement le masculin au tableau noir pour que les élèves écrivent eux-mêmes le féminin. — On emploiera le même procédé pour la formation du pluriel).

33° LEÇON.

Récapitulation générale sur les qualificatifs. — Répetition des règles et des exercices.

' (Les maîtres feront encore plusieurs series parmi les qualificatifs non indiqués, les appliquant surtout à des noms de choses, et faisant des exercices et des questions semblables à ceux qui précèdent.)

CHAPITRE CINQUIÈME.

VERBE

—

39ᵉ LEÇON.

Le mot qui exprime que l'on *est* quelque chose, — que l'on *a* quelque chose, — ou que l'on *fait* quelque chose, s'appelle *verbe*.

Le verbe qui indique que l'on *est* d'une *certaine manière* est le verbe *être*.

Le verbe qui indique que l'on *a* une chose quelconque est le verbe *avoir*.

Tous les autres mots qui indiquent que l'on *fait* quelque chose, sont des verbes d'action.

SUJET.

L'être qui *est*, qui *a*, ou qui *fait* quelque chose s'appelle *sujet* du verbe.

On trouve le sujet d'un verbe en faisant la question *qui est-ce qui*, immédiatement avant le verbe ; et le mot qui est la réponse à cette question est le *sujet*.

Quand le sujet est un pronom, le verbe est à la même personne que ce pronom. Si le sujet est un nom, le verbe est à la troisième personne. Le verbe est par conséquent de la même personne et du même nombre que le *sujet*.

Un verbe ne peut avoir pour sujet que des noms ou des pronoms.

Quand on veut savoir à quel nombre et à quelle personne doit être le verbe, il faut donc chercher le sujet, et faire l'accord entre ces deux mots.

COMPLÉMENT.

Le mot sur lequel tombe l'action qu'exprime le verbe s'appelle *complément*.

On trouve le *complément* en faisant la question *qui* ou *quoi* après le verbe ; et le mot qui est la réponse à cette question est le *complément*.

Le verbe ne s'accorde pas avec les compléments

TEMPS.

1º Si l'*état* ou l'*action* qu'exprime le verbe a lieu au moment même où l'on parle , — si c'est une chose qui a lieu dans tous les temps, — on dit que le verbe exprime un temps *présent*.

2º Si l'état ou l'action *a eu lieu*, c'est le temps *passé*.

3º Si l'état ou l'action *doit avoir lieu* dans un temps à venir, c'est le *futur*.

Il y a donc trois temps principaux dans les verbes: le *présent*, le *passé*, le *futur*.

QUESTIONNAIRE.

Qu'est-ce qu'un verbe ? — Comment reconnaît-on qu'un mot est verbe ? — Comment nomme t on le verbe qui ex prime seulement la manière d'être ? — Quel est le verbe qui indique que l'on possede quelque chose ? — (Chaque élève nommera dix verbes d'action). — Qu'appelle-t-on sujet ? — Comment reconnait-on un sujet ? — Quels sont les mots qui peuvent être sujets ? — Quelle est l'influence du sujet sur le verbe ? — A quelle personne est le verbe lorsqu'il a pour sujet un nom ? — Qu'appelle-t-on complément ? — Comment trouve-t-on un complement ? — Combien y a-t-il de temps dans les verbes et quels sont-ils? (Revenir sur ce qui a été dit au determinatif possessif sur les trois personnes.)

40ᵉ LEÇON.

CONJUGAISON : *Exercices d application.*

Nous allons écrire toutes les personnes et tous les temps au singulier et au pluriel, des verbes *avoir* et *être* : cela s'appelle *conjuguer* un verbe. Les deux verbes *avoir* et *être* sont appelés *auxiliaires* quand on les emploie pour aider a la conjugaison de tous les autres verbes.

Il faut remarquer, dans la conjugaison, qu'il y a plusieurs temps *passes*, — *futurs*, — *presents*. On apprendra plus tard a employer chacun de ces temps.

Verbe Avoir

1er EXERCICE.

INDICATIF présent. — (avec un nom et un qualificatif),

J'ai une bonne poire.
tu as deux beaux cahiers
il a ou elle a un joli canif.
nous avons un excellent père
vous avez une grande patience
ils ou elles ont de beaux habits.

J'ai votre promesse.
tu as ta récompense
il ou elle a une grande paresse
nous avons du courage.
vous avez un bon emploi.
vos amis ont une mauvaise réputation.

(Faire plusieurs exercices semblables avec des déterminatifs, des noms, des qualificatifs déjà connus, et toujours au même temps.)

2 EXERCICE : IMPARFAIT   (ou passé).

J'avais une grande peine.
tu avais un manteau noir
mon frère avait des livres neufs.
nous avions une mauvaise récolte.
vous aviez de jeunes chevaux
mes parents avaient une petite maison.

J'avais votre ancienne place.
tu avais sa mauvaise voiture
il ou elle avait trois beaux chats.
nous avions une jolie propriété
vous aviez vos défauts.
ils ou elles avaient leurs qualités

3e EXERCICE :   PASSÉ DÉFINI.

J'eus plusieurs reproches.
tu eus une récompense quelconque.
il ou elle eut des fruits mûrs
nous eûmes de bons livres.
vous eûtes des maîtres bienveillants
ils ou elles eurent des éloges mérités.

J'eus un devoir difficile.
tu eus un jardin fertile.

il eut des arbres magnifiques.
nous eûmes de belles fleurs
vous eûtes des ouvriers actifs

ils ou elles eurent un mauvais temps

4e EXERCICE : PASSÉ INDÉFINI.   PASSÉ ANTÉRIEUR.

J'ai eu	J'eus eu
tu as eu	tu eus eu
il a eu	il eut eu
nous avons eu	nous eûmes eu
vous avez eu	vous eûtes eu
Ils ont eu	ils eurent eu

5e EXERCICE : PLUS QUE-PARFAIT.   FUTUR.

J'avais eu	J'aurai
tu avais eu	tu auras
il avait eu	il aura
nous avions eu	nous aurons
vous aviez eu	vous aurez
Is avaient eu	ils auront

6e EXERCICE : FUTUR ANTÉRIEUR.   CONDITIONNEL PRÉSENT.

J'aurai eu	J'aurais
tu auras eu	tu aurais
il aura eu	il aurait
nous aurons eu	nous aurions
vous aurez eu	vous auriez
ils auront eu	ils auraient

7e EX : CONDITIONNEL PASSÉ.   AUTRE PASSÉ DU CONDIT.

J'aurais eu	J'eusse eu
tu aurais eu	tu eusses eu
il aurait eu	il eût eu
nous aurions eu	nous eussions eu
vous auriez eu	vous eussiez eu
ils auraient eu	ils eussent eu

8e EXERCICE :   IMPÉRATIF.

Aie, ayons, ayez.

(Il n'y a pas de sujet exprimé).

Sɴᴏᴊᴏɴᴄᴛɪғ ᴘʀᴇ́sᴇɴᴛ (il faut)   Iᴍᴘᴀʀғᴀɪᴛ (il faudrait)

Que j'aie   Que j'eusse
que tu aies   que tu eusses
qu'il ait   qu'il eût
que nous ayons   que nous eussions
que vous ayez   que vous eussiez
qu'ils aient.   qu'il eussent

9ₒ EX. : Sᴜʙᴊᴏɴᴄᴛɪғ ᴘᴀssᴇ́.   Pʟᴜs-ǫᴜᴇ-ᴘᴀʀғᴀɪᴛ

Que j'aie eu   Que j'eusse eu
que tu aies eu   que tu eusses eu
qu'il ait eu   qu'il eût eu
que nous ayons eu   que nous eussions eu
que vous ayez eu   que vous eussiez eu
qu'ils aient eu   qu'ils eussent eu

Iɴғɪɴɪᴛɪғ (Point de sujet exprimé).   Pᴀʀᴛɪᴄɪᴘᴇs :

Pʀᴇ́sᴇɴᴛ : Avoir.   Pʀᴇ́sᴇɴᴛ : Ayant.
Pᴀssᴇ́ : Avoir eu.   Pᴀssᴇ́ : Ayant eu — eu.

Remarque : Les élèves ajouteront au verbe, dans les exercices précédents et à chaque personne, un nom, un qualificatif et un déterminatif, ayant soin de choisir ces mots dans les séries que nous avons données et de varier leur choix.

41ᵉ LEÇON.

CONJUGAICON. — *Exercices d'application.*

Verbe Etre

1ᵉʳ EXERCICE . INDICATIF PRÉSENT (avec un qualificatif).

Je suis content et heureux.	Je suis
Tu es courageux et actif.	tu es
Il est vif et spirituel	il est
nous sommes prudents et polis	nous sommes
vous êtes pieux et chrétiens.	vous êtes
ils sont violents et durs·	ils sont

2ᵉ EXERCICE ;   INDICATIF. — IMPARFAIT (ou *passé*)

J'étais honteux et repentant.	J'étais
tu étais franc et loyal	tu étais
il était causeur et indiscret.	il était
nous étions ingrats et sots.	nous étions
Vous étiez menteurs et faux	vous étiez
ils étaient adroits et malins.	ils étaient

3ᵉ EXERCICE :   PASSÉ DÉFINI.

Je fus ignorant et paresseux	Je fus
tu fus oisif et envieux.	tu fus
il fut soigneux et rangé.	elle fut
nous fûmes jaloux et vindica- tifs.	nous fûmes
vous fûtes humains et géné- reux.	vous fûtes
Ils furent gentils et obli- geants.	ils furent

4e EXERCICE : PASSÉ INDÉFINI,   PASSÉ ANTÉRIEUR.

J'ai été	J'eus été
tu as été	tu eus été
il a été	il eut été
nous avons été	nous eûmes été
vous avez été	vous eûtes été
ils ont été	ils eurent été

5e EXERCICE :   PLUS-QUE PARFAIT.

J'avais été	Je n'avais pas été
tu avais été	tu n'avais pas été
il avait été	il ou elle n'avait pas été
nous avions été	nous n'avions pas été
vous aviez été	vous n'aviez pas été
ils ou elles avaient été	ils ou elles n'avaient pas été

6e EXERCICE ·   FUTUR SIMPLE.

Je serai	Je ne serai pas
tu seras	tu ne seras pas
il sera	il ne sera pas
nous serons	nous ne serons pas
vous serez	vous ne serez pas
ils ou elles seront	ils ou elles ne seront pas

7e EXERCICE : FUTUR ANTÉRIEUR.   CONDITIONNEL PRÉSENT.

J'aurai été ou aurai-je été	Je serais ou serais-je
tu auras été ou auras-tu été	tu serais ou serais-tu
il aura été ou aura-t-il été	il serait ou serait-il
nous aurons été ou aurons-nous été.	nous serions ou serions-nous
vous aurez été ou aurez-vous été.	vous seriez ou seriez-vous
ils auront été ou auront-ils été	ils seraient ou seraient-ils

4.

8e EX. : 1er PASSÉ DU COND.   2e PASSÉ DU CONDITIONNEL

J'aurais été ou | J'eusse été ou
tu aurais été ou | tu eusses été ou
il aurait été ou | il eût été ou
nous aurions été ou | nous eussions été ou
vous auriez été ou | vous eussiez ou
ils auraient été ou | ils eussent été ou

9e EXERCICE :   IMPÉRATIF :

Sois, soyons, soyez

(Il n'y a point de sujet exprime).

SUBJONCTIF PRÉSENT.   IMPARFAIT.

(Il faut que) je sois | (Il faudrait que) je fusse
que tu sois | que tu fusses
qu'il soit | qu il fût
que nous soyons | que nous fussions
que vous soyez | que vous fussiez
qu'ils soient | qu'ils fussent

10e EXERCICE :   PASSÉ.   PLUS-QUE-PARFAIT.

que j'aie été | Que j'eusse été
que tu aies été | que tu eusses été
qu'il ait été | qu'il eût été
que nous ayons été | que nous eussions été
que vous ayez été | que vous eussiez été
qu'ils aient été | qu'ils eussent été.

INFINITIF (pas de sujet exprimé)   PARTICIPES.

PRÉSENT : Etre | PRÉSENT . Etant
PASSÉ : Avoir ete | PASSÉ : Ayant ete — été.

Remarques :

1° Les élèves feront plusieurs exercices sur chaque temps, en ajoutant chaque fois au verbe des qualificatifs différents, qu'ils écriront d'abord au masculin, puis au féminin.

2° Ils conjugueront chaque temps avec la forme positive puis avec la forme négative.

3° Ils feront la conjugaison interrogative dans les temps où elle peut se faire.

Ils suivront, pour ces différents exercices, la marche indiquée dans quelques-uns des temps que nous venons d'écrire.

4° Ils feront les mêmes exercices sur le verbe *avoir*.

Il faut ne pas oublier qu'il n'y a point de forme interrogative quand le sujet est un nom.

42ᵉ LEÇON.

MOTS INVARIABLES.

Les mots invariables sont ceux qui s'écrivent toujours de la même manière. Si, ajoutés à un nom ou à un pronom, ils forment un complément, on les nomme *prepositions*. S'ils indiquent comment on fait une chose, on les nomme *adverbes*. S'ils servent à unir deux mots semblables, on les nomme *conjonctions*.

Enfin, s'ils servent à exprimer un mot de douleur, de joie, d'etounement, on les nomme *interjections*. Mais nous ne leur donnerons que le nom général de *mots invariables*.

Les élèves apprendront de mémoire les mots suivants :

à	par	autant	ah !
après	parmi	bientôt	oh !
avant	pendant	dedans	hélas !
avec	pour	dehors	Eh ?
chez	près	demain	Hé !
contre	sans	désormais	Eh bien !
dans	selon	dessous	où
de	sous	dessus	ou
depuis	sur	jadis	plus
dès	vers	jamais	point
durant	alors	là	pourtant
en	aujourd'hui	mieux	si
entre	auparavant	moins	souvent
envers	aussi	ne pas	tant
toujours	comme	néanmoins	que
tres	donc	ni	parfois
volontiers	enfin	or	quoique
ainsi	et	autrefois	sinon
car	lorsque	puisque	toutefois
cependant	mais	quand	quelquefois

Exercices récapitulatifs.

Les maîtres dicteront aux élèves un grand nombre de propositions simples, dans lesquelles seront combinés les mots que nous avons donnés dans les différentes leçons de ce petit livre.

A LA MÊME LIBRAIRIE :

L'ÉCRITURE DES ÉCOLES

ET DES FAMILLES

PAR

CLERGET

ANCIEN PROFESSEUR A L'ÉCOLE NORMALE ET AU LYCÉE DE DIJON

Médaille d'or à l'Exposition universelle de Lyon 1873

1° **Méthode** ou *Album* à l'usage des maîtres et des moniteurs ; broché   2 50

2° **Cahiers** pour é'èves, avec modèles à repasser et transparents imprimés en bistre; 20 pages, in-4° couronne, 10 cahiers, le cent.   9 fr.

Les cahiers de 1 à 5, présentent l'écriture anglaise de 0m005 ; exercices gradués et modèles ; le cahier n° 6 l'écriture anglaise de 0m002 et de 0m001 : les cahiers n° 7 et 8, les écritures anciennes ronde et gothique, bâtarde et coulée ; les cahiers 9 et 10, l'écriture allemande.

3° **Modèles** : 7 feuilles en noir, reproduisant les exercices des cahiers d'anglaise. La feuille isolément.   » 15

Le cent de feuilles   9 »

Et 11 feuilles comprenant les écritures *anciennes*: ronde et gothique, bâtarde et coulée et l'écriture *allemande*. La feuille isolément.   » 15

Le cent de feuilles.   9 »

Nota. Les feuilles-modèles se collent sur carton et forment tableaux pour les écoles ; prix de la collection.   12 »

4° **Transparents**. Afin que l'instituteur puisse, au besoin, faire continuer sur papier blanc ordinaire un exercice insuffisamment compris et imparfaitement exécuté ; à la méthode sont ajoutés des *transparents*.

         No 1 pour anglaise de 0m005
         No 2   —   0m002
         No 3   —   0m001
         No 4 pour ronde et gothique d'un côté, bâtarde et coulée de l'autre.

Ces transparents contiennent en outre des conseils sur la tenue de la plume, du corps, etc., etc., avec figures, isolément.   » 05

         N° 5 Transparents pour les expéditions de 25, 28... lignes à la page, et pour dessin ; réglé sur les deux faces, cloche, isolément.   » 10

Le cent.   5 »

LEÇONS D'ARITHMÉTIQUE

THÉORIQUE ET PRATIQUE

DE TENUE DE LIVRES ET DE GÉOMÉTRIE PRATIQUE

PAR

CH. TRÉPIED

PROFESSEUR DE MATHÉMATIQUES AU LYCÉE DE VENDÔME

I. **Cours préparatoire**, 1 vol. in 12 (sous presse)   » »
II. **Cours élémentaire**, 1 vol. in-12   1 50
III. **Cours moyen**, 1 vol. in-12 (sous presse)   » »
IV. **Cours supérieur**, 1 vol. in 8 (en préparation).   » »

PROMENADES TOPOGRAPHIQUES

(GUIDE DES ÉLÈVES)

OUVRAGE RÉDIGÉ D'APRÈS LA CIRCULAIRE DE M LE MINISTRE
DE L'INSTRUCTION PUBLIQUE

A l'usage de toutes les Écoles

PAR

E. LOTTIN

CONDUCTEUR DES PONTS ET CHAUSSÉES, PROFESSEUR

A L'ÉCOLE TURGOT

1 vol. in-18 orné de vignettes, cartonné.   1 fr

www.ingramcontent.com/pod-product-compliance
Lightning Source LLC
Chambersburg PA
CBHW051244030726
47595CB00003B/1083